Segreti per influenzatori:

Hack di crescita per Twitch

# Tabella dei contenuti

# Guida completa per crescere potenzialmente su Twitch

Si vuole fare il miglior impatto possibile su Twitch, dietro questa piattaforma si trova una grande opportunità per aumentare i vostri seguaci con le azioni giuste, è necessario conoscere tutti i tipi di trucchi per avere successo su questo social media che sta dando cosa parlare e sempre più persone amano questo angolo digitale.

## Scopri, cos'è Twitch?

Dietro Twitch c'è lo sviluppo di una piattaforma dedicata allo streaming, che sta diventando sempre più di tendenza per questo motivo è necessario conoscere a fondo questo servizio in modo da poter sfruttare al meglio ogni funzione, attraverso questa guida è possibile creare il tuo account e trasmettere contenuti che è attraente.

Dal 2011 l'arrivo di Twitch ha generato buoni sentimenti nel mondo online, infatti è emerso come una piattaforma secondaria e la sua utilità era così alta che è diventata la principale, al punto di essere sotto l'ombra di Amazon, che è un riflesso del numero di utenti che ospita questa piattaforma di streaming di videogiochi.

La maggior parte dei giocatori al giorno d'oggi seguono e godono di un canale Twitch, questo è l'ideale per godersi lo streaming dal vivo, supporta tutti i tipi di temi ma il più potente è quello dei videogiochi, inoltre gli streamer hanno accesso a interagire in tempo reale con ognuno dei follower.

Il servizio è ampiamente simile a YouTube, e questa somiglianza si estende ad avere un alto livello di traffico, ma si differenzia con alcune caratteristiche per dare o ricevere mance, al punto da diventare il miglior servizio di streaming di videogiochi con oltre 3,8 milioni di canali disponibili.

## L'uso dietro Twitch

Per avere accesso a Twitch solo per guardare il contenuto non c'è bisogno di registrarsi, ma se si vuole essere streamer se è necessario creare un account, che rende importante per riguardare la categoria del contenuto, questo è in aggiunta all'incorporazione di tag perché che aiuta la ricerca su questa piattaforma vi metterà in una posizione migliore.

I flussi relativi ai tag avvicinano ogni follower al contenuto che trasmetti, questi non sono altro che parole in grigio che si trovano sotto il diretto, questi tipi di parole sono associati alle tendenze e se vuoi che il tuo contenuto ne faccia parte devi solo mettere i tag che corrispondono.

Devi tener conto che all'interno della categoria ottieni due sezioni extra, così come sono video e clip, attraverso ognuna di queste troverai contenuti in differita, questi provengono da registrazioni live di altri giorni, la differenza tra una sezione o l'altra è che le clip sono frammenti dei migliori momenti di una registrazione.

Twitch può avere molti usi e una grande diversità di contenuti, quindi è un mezzo originale per fornire contenuti di prima classe, al punto di trovare contenuti dal giornalismo che ha causato buoni sentimenti sul pubblico, è un'opportunità per pubblicare argomenti interessanti di vostra preferenza.

## Da cosa dipende la crescita su Twitch?

Una volta che hai un canale, l'obiettivo principale è quello di ottenere seguaci, in più ogni seguace sarà in grado di contare o ricevere notifiche quando si pubblicano nuovi contenuti, è importante che tu possa stare lontano da commenti odiosi e discriminatori perché questo è un motivo sufficiente per segnalare il creatore del contenuto.

Una funzione da considerare è anche la messaggistica per mantenere viva l'interazione del canale con gli utenti, con la qualità di aggiungere amici per creare alleanze, o formare una lista di utenti per ottenere qualche contatto interessante, l'essenziale è lasciare vivo quel legame sociale per ricevere attenzione da più utenti.

## Perché gli stream di Twitch stanno guadagnando popolarità

Quando si vuole avere successo su Twitch bisogna pensare alla creazione di contenuti, perché la dinamica è quella di far sì che la gente abbia voglia di guardare gli altri giocare, ma perché esista questo tipo di interesse, che spesso è incomprensibile per molti, è necessario proporre idee fresche per fare un canale veramente popolare.

I temi che si sono adattati meglio a questa piattaforma sono quelli che forniscono demo o versioni anticipate di giochi che hanno un grande pubblico, uno degli esempi più chiari è quello di Call of Duty, dove ogni fan può ottenere dettagli che più li interessano e anche godere di un'anteprima.

Per scegliere una tendenza ci sono molti siti web che forniscono informazioni sui giochi che sono ideali per il tuo canale, con quel tipo di dati rimane solo il compito di studiare a fondo l'argomento che si desidera presentare, essere streamer è una dedizione per scoprire il meglio di un gioco per pubblicare un tempo divertente e interessante.

Una decisione iniziale è quella di definire il tipo di tema che rappresenterete nel canale, questo è importante per far emergere o esporre il vostro lato forte per ricrearlo con ogni contenuto, cercando in ogni momento di essere innovativi con il tema senza trascurare il carisma, il ruolo giocato da uno streamer è fondamentale.

L'interesse per un contenuto non si basa solo sul titolo, ma i seguaci mostrano una grande fedeltà con i loro commenti e soprattutto con la personalità attraverso il tema del canale viene ricreato, anche se quello che tutti cercano sono canali dove si sa davvero giocare e c'è qualcosa di nuovo da guardare.

Ci sono molti fattori dietro le ragioni per cui un canale guadagna popolarità, ma è una grande ispirazione seguire da vicino le azioni di star milionarie online come ElRubius che è diventato una figura importante su questa piattaforma guadagnando fino a 4,3 milioni di euro in un anno.

Normalmente i guadagni degli streamer più popolari si aggirano intorno alla cifra di cui sopra, soprattutto per quelli che si distinguono in questo mezzo come AuronPlay, passando attraverso questi tipi di esempi si può capire il tipo di traffico disponibile, e il modo in cui queste cifre sono scalate, è un esempio da seguire meglio detto.

# Pagamento e abbonamento al canale Prime Gaming

Come Twitch sta causando sempre più attrazione, arriva il dubbio su ogni utente o motivazione sul pagamento di un abbonamento, questo ha una modalità principale che si chiama come Prime Gaming che è stato precedentemente chiamato come Twitch Prime, il vantaggio di questo è che si possono trovare giochi gratuiti insieme a oggetti popolari.

Questa operazione da Prime Gaming è dovuta all'inclusione con Amazon Prime, grazie ad Amazon ha acquistato Twitch nel 2014, così quando si paga un abbonamento, hai già l'altro, sono sincronizzati, il costo in Twitch ha un canone mensile di 4 euro al mese con l'offerta di accesso ad Amazon Prime.

Ma la conformazione di un canale è una creatività al 100%, dal momento che possono essere offerti abbonamenti individuali, in modo che un utente può godere di un pagamento in cambio di grandi vantaggi, perché ogni abbonamento ha un piano di base di vantaggi, che evidenzia la facilità di rimozione degli annunci dopo la trasmissione e una chat esclusiva.

Oltre a questo c'è la possibilità di fornire e creare un catalogo di video disponibili solo per gli abbonati di questo tipo, questi vantaggi favoriscono il tema estetico e aiuta a sbloccare un sacco di funzioni, quel tipo di supporto finanziario non provoca altro che uno stimolo diretto al creatore del canale.

## Come migliorare la sicurezza su Twitch

Integrare Twitch al browser che si utilizza su base giornaliera, è possibile guardare da vicino le opzioni trovate sulle impostazioni del profilo, come c'è una sezione di sicurezza e privacy per combattere gli hacker che potrebbero voler toccare e influenzare il tuo account, quindi è meglio prevenire con queste alternative.

La prima cosa da prendere in considerazione per evitare di avere problemi su Twitch è fare una password sicura, è necessario che sia lunga, combinata tra maiuscole e minuscole, così come incorporare numeri o segni di punteggiatura, l'intenzione è che sia unica, poi è vitale coprire il passo di autenticazione in due fasi.

È molto utile avere queste misure di sicurezza in modo che nessun altro possa accedere all'account se non attraverso il numero di telefono o l'indirizzo e-mail, quindi si può contare sulla progettazione di un account sicuro, ma soprattutto con la tranquillità di creare contenuti e non avere problemi di questo tipo.

# Imparare a fare streaming su Twitch

Trasmettere su Twitch è molto semplice in generale, bisogna solo prendere in considerazione la configurazione che di solito è nascosta per alcuni, ma con questo passo per passo non avrete alcun problema:

- 1- Aprite OBS Studio, dovete averlo scaricato prima.
- 2- Dopo averlo scaricato, clicca su "File", poi su "Configurazione", per trovare l'opzione "Emissione".
- 3- Quando scegliete un tipo di trasmissione dovete andare su quello che offre il "Servizio di ritrasmissione".
- 4- Una volta trovati i servizi puoi andare su "Twitch".
- 5- In Server puoi avere l'opzione "Automatico (consigliato)".
- 6- Nell'opzione di Broadcast key è dove devi incollare la chiave che viene fuori per la trasmissione del canale Twitch.

Per scoprire dove si trova la chiave di trasmissione di Twitch devi accedere all'account Twitch, una volta fatto questo passo puoi cliccare dopo il nome utente dove si trova il tuo avatar, questo appare nell'angolo in alto a destra, dove puoi accedere al "Pannello di controllo" ed entrare nelle impostazioni del canale.

Quando sei nell'opzione del canale, devi individuare l'opzione "Main Broadcast Key", dove devi cliccare sul pulsante "Show", è importante che tu legga l'avviso che appare dopo questa opzione, quando sei d'accordo devi cliccare su "Understood", in questo modo puoi ottenere la chiave di trasmissione di Twitch ed entrare in OBS.

## Quello che devi sapere per configurare Twitch: Pannello di controllo

È importante conoscere la configurazione da applicare in Twitch soprattutto perché è una piattaforma per gli streamer, quindi ha una configurazione a cui prestare attenzione, per avere accesso a ciascuna delle funzioni e ottenere il canale per ottenere la rilevanza che ti aspetti per guadagnare soldi creando contenuti.

Prima di tutto dovete padroneggiare ogni funzione che si trova all'interno della piattaforma in modo da poter fare configurazioni di base in cui spiccano le seguenti opzioni che si trovano nel pannello di controllo:

- Live

Questa alternativa è conosciuta come informazioni di trasmissione, per trovare il titolo della trasmissione, inoltre ci sono le notifiche provenienti dalla trasmissione in diretta, la categoria e il tipo di tag da utilizzare insieme alla lingua, che incorpora il titolo dove avete 140 caratteri disponibili per creare un tema attraente.

D'altra parte ci sono le notifiche di trasmissione in diretta, essendo un messaggio che ogni follower riceve una volta che stai trasmettendo in diretta, è importante fare appello a un richiamo di attenzione che sia efficace, per ottenere questo effetto hai 140 caratteri per realizzare questa missione.

Dopo la sezione della categoria c'è il gioco che trasmetterai, dovresti considerare che Twitch ordina ogni trasmissione per categorie, quindi non puoi ignorare questo ma scegliere la categoria giusta in modo che sempre più spettatori possano accedere al tuo contenuto.

Nel caso dei tag sono risorse importanti perché si può ottenere un alto livello di tracciamento con loro, inoltre l'aspetto linguistico dipende tutto dalla lingua che viene utilizzata nella trasmissione, perché questo genera una sorta di accesso in modo che possano aiutarvi in modo efficiente.

- Estensioni

La missione delle estensioni è una serie di applicazioni o plugin che possono essere installati per ottenere una grande configurazione sulle vostre trasmissioni, guadagnando così attenzione dopo il contenuto trasmesso su un canale, ci sono diverse estensioni che si adattano ai vostri obiettivi con grande facilità.

- Risultati

I sistemi di realizzazione sono presenti anche sulla piattaforma Twitch, come si può superare le utilità sono sbloccate, in modo da poter tirare fuori quelle abilità come streamer con totale facilità, per affrontare l'ottenimento di più caratteristiche come si procede come un protagonista di quell'account.

- Eventi

Di fronte all'alternativa degli eventi è un'operazione che imita la stessa dinamica offerta da Facebook, dove si ha l'attribuzione di pubblicare un'immagine come forma di pubblicità con tutti i dati, questo viene utilizzato come un'occasione speciale per generare un'atmosfera di attesa che si traduce in un ampio margine di traffico.

- Attività

Il riassunto di tutte le attività che sono pertinenti all'account si trova dietro questa sezione, si basa su una storia completa per trovare le modifiche, e anche le trasmissioni insieme ad altri dettagli, in questo modo è possibile tenere traccia della crescita di un account e quelli in sospeso.

- Strumenti di trasmissione

Per creare trasmissioni potete contare su strumenti che vi aiutano a fare in modo che non manchi nulla quando decidete di generare contenuti in diretta, ci sono tutta una serie di funzioni gratuite e a pagamento, la maggior parte di esse hanno OBS come soluzione, l'importante è imparare a conoscere ogni strumento per utilizzarlo a modo vostro.

- Analisi

Questa è una sezione ideale per trovare tutti i dati che vengono generati sulla trasmissione, è possibile trovare informazioni demografiche sui tuoi spettatori, così come il tempo di riproduzione per il contenuto di seguire quella direzione, questo tipo di indicazione è importante per uno streamer.

Per monetizzare, è essenziale dedicare maggiore importanza a questi risultati per crescere esponenzialmente, così quando si fa la ritrasmissione queste considerazioni si traducono in un punto di partenza vitale, una buona informazione aiuta a creare strategie, tutto nasce dallo studio di ogni dato per essere un aiuto.

- Video

Attraverso questa alternativa si può trovare l'opportunità di pubblicare video montati, così come quelli che avete regis-trato che possono essere pubblicati come finto live, al punto di formare una collezione, di trovare video clip che sono da altri streamer e si può avere loro di guardarli in qualsiasi mo-mento.

## Conosci i trucchi del setup di Twitch?

La configurazione è una parte essenziale che si trova nel pannello di controllo, questa è una sezione molto importante per diventare uno streamer di grande distinzione, quindi è necessario mettere in pratica i seguenti punti:

- Canale

Dopo l'opzione canale si può trovare la chiave di ritrasmis-sione in modo che si può utilizzare in OBS, a questo si aggiunge il potere di salvare o meno le trasmissioni che hai fatto qualche tempo precedente, c'è un periodo di 14 giorni per questa opzione, nel caso di utenti Prime, partner o anche turbo con 60 giorni in modo che le trasmissioni non vengono perse.

Oltre alle alternative è l'aggiunta di contenuti per adulti che possono essere parte del tuo canale, non si tratta di emettere scene con minaccia o pornografia, ma alcuni contenuti inappropriati che possono essere esclusi dalla piattaforma quindi si raccomanda che questa opzione può essere attivata come una previsione.

D'altra parte, è possibile scegliere la preferenza di ottimizzazione, in modo che la qualità video può essere regolata in modo che lo streaming possa adattarsi alle vostre aspettative, questo è un ottimo modo per diminuire le risorse del PC, con il clic sulla bassa latenza, queste sono impostazioni che possono diminuire tutto lo stress per voi.

La questione dei permessi su Twitch è un passo in modo che altre persone possano trasmettere sul tuo canale, questo diventa utile quando si tratta di riviste di gioco, o qualsiasi altro argomento dove più persone stanno per partecipare, dove tutta l'attività è concentrata in un unico canale.

Un altro tipo di consiglio che può essere applicato affinché gli streamer possano creare un canale molto più suggestivo e pieno di qualità, è l'inclusione di un banner per il lettore video, in questo modo quando il canale è disabilitato può entrare per trovare i video precedenti, senza dover essere accolto dallo schermo nero.

Il tema dei ruoli aiuta i permessi della piattaforma possono essere distribuiti con altri utenti, nel caso della nomina di un editor è un utente che ha gli stessi poteri del proprietario del canale, mentre il moderatore è responsabile del controllo della chat e i VIP sono membri di spicco della comunità.

Infine ci sono le impostazioni di moderazione, dove trovi la possibilità di gestire la chat, di gestire il modo in cui possono contattarti, è una misura importante per garantire la migliore interazione, per godere di questo hai bisogno della verifica dell'email.

## Come guadagnare seguaci su Twitch

Finché si è consapevoli di ogni caratteristica di configurazione che Twitch fornisce, è possibile costruire un account davvero attraente, dove l'idea è che si può giocare il tuo contenuto su OBS senza problemi, avendo chiaro il tipo di gioco con cui si sta per iniziare, rimane solo per iniziare ad essere un grande streamer.

Anche se guadagnare seguaci su questa piattaforma non avviene da un giorno all'altro, soprattutto con migliaia di canali in tutto il mondo, quindi la cosa essenziale è offrire con-

tenuti inediti e sapere come utilizzare nuovi trucchi per acce-
lerare l'impatto che si può fare sul pubblico, anche se ci sono
passaggi chiave per arrivare a quel punto, come i seguenti:

- Scopri il tipo di Streamer che vuoi essere

Un account ha bisogno di un'identità, quindi la prima do-
manda è su cosa riguarderà, se un singolo gioco specifico, o
se sono tutte le uscite che sono di tendenza, a questo si
aggiunge la decisione del tipo di console da utilizzare, può
essere un PC, PS4, Xbox ONE o anche Nintendo Switch
quelle sono decisioni iniziali che segnano uno stile.

- Costruire una strategia per guadagnare interesse

È importante che prima di avventurarsi in Twitch, tenga a
mente che non si tratta di streaming per il proprio interesse
senza fornire intrattenimento, in quanto c'è un sacco di concorrenza là fuori quindi è necessario che sia un contenuto
diverso in cui è possibile testare le vostre abilità e i nuovi
trucchi che possedete.

- Determinare il contenuto più adatto

Con il desiderio di avere una propria comunità, è necessario
presentare loro consigli e trucchi che possano far ottenere le
risposte che stanno cercando su un gioco, combinati con una
personalità coinvolgente che sia competente ma che possa

intrattenere per tutta la durata del contenuto da gustare senza problemi.

Ci sono così tanti modi di fare una trasmissione su Twitch quando si tratta di tematizzare, l'importante è che tu possa sentirti a tuo agio, ma soprattutto che ti stia divertendo in quello che stai facendo, perché questo alla fine si può trasmettere agli utenti ed è un ottimo modo per monetizzare come tu aspiri.

- Fissare obiettivi ed essere coerenti

Uno streamer deve impegnarsi per i suoi obiettivi, per raggiungere questo è necessario agire come un professionista, perché se ti prendi cura del tuo canale, ti preoccupi di seguire gli orari convenienti per guadagnare pubblico, nel tempo guadagnerai reputazione, si tratta di esercitare una grande continuità sul programma e l'obiettivo che ti imponi.

- Organizzare di tanto in tanto eventi o lotterie

Niente diventa più eccitante che seguire da vicino un account che rilascia giveaway, quindi per far sì che i seguaci abbiano più dedizione per i tuoi contenuti, non c'è dubbio che una grande motivazione è quella di offrire un giveaway, quindi hai una grande opportunità per agganciare più persone ai tuoi contenuti.

- Creare strategie di crescita su altri social network

Twitch è conosciuto come un social network, ma l'account che hai creato su questa piattaforma, dovrebbe essere esposto su altri social network per ottenere anche più attrazione, quindi il tuo progetto ha bisogno di un piano di social media, dove si ottiene il traffico o il pubblico da Instagram, Twitter o Facebook a Twitch.

Impegnarsi con più seguaci è un grande segno di successo per ogni account Twitch, fino a quando si può generare più interazione, sarà un grande vantaggio per condividere contenuti con altri streamer, è un aiuto o supporto da ogni social media in modo che un'idea possa crescere in ogni modo.

- Partecipare a eventi e creare alleanze

Nel mondo dei giochi ci sono molti eventi che si possono prendere in considerazione, tali raduni possono essere utilizzati come una sorta di trampolino di lancio per ottenere più influenza all'interno del mondo dei giochi, si tratta di trasformare il vostro canale in una professione al punto in cui è possibile monetizzare con altri streamer del settore.

- Rafforza le esigenze del design grafico

Un canale deve essere modellato con il maggior dettaglio possibile, per questo motivo è un obbligo investire in strumenti online che possono essere di grande aiuto per emettere una grande presenza su questa piattaforma online, l'obiettivo è che ogni follower possa essere catturato quando entra nel tuo canale.

- Utilizzare altri canali per trasmettere

Oltre a Twitch, rivolgersi ad altre opzioni per la trasmissione aiuta i tuoi contenuti ad essere raccolti da un vasto pubblico, puoi affidarti a Facebook Live così come a YouTube, tutto va bene quando si tratta di migliorare la tua presenza, in questo modo i seguaci possono poi migrare al tuo account e aiutarti a crescere.

- Esplora le tecniche per ottenere più attenzione

Studiare gli spettatori attraverso il neuromarketing è un'opzione disponibile per anticipare e conoscere le loro aspettative, puoi anche adattare il tuo contenuto a ciò che è più attraente per la tua comunità, utilizzando trucchi che possono indurli a non decollare dal tuo canale, da un punto più emotivo rispetto all'analisi dei dati.

- Appelli alle strategie di base di follow-up

Quando si inizia su Twitch si possono scegliere alternative come il popolare "seguimi e io ti seguirò", in alcuni casi avanzati questo non lascia una buona immagine, ma quando si tratta di formare un canale da zero, tutto cambia, questo tipo di azioni funzionano per iniziare ma non sono raccomandate per continuare.

## Come puoi fare soldi con Twitch

Molte persone non sono consapevoli del vantaggio di fare soldi essendo uno streamer, ma è vero quando si seguono i passi giusti, ma è un obiettivo che richiede tempo perché si tratta di essere coerenti con ciascuno dei consigli menzionati, che è meglio esercitare perché ti piace che per il semplice obiettivo di fare soldi.

Tuttavia, si dovrebbe notare che Twitch ha anche un programma di affiliazione come Amazon, ma è necessario soddisfare i requisiti di aver trasmesso almeno 500 minuti in streaming negli ultimi 30 giorni, o aver trasmesso per 7 giorni unici negli ultimi 30 giorni.

Tra i requisiti c'è l'obbligo di avere una media di 3 spettatori allo stesso tempo, negli ultimi 30 giorni, e per quanto riguarda i seguaci, è necessario raggiungere la quantità di 50, insieme con l'attivazione di autenticazione in due passaggi, in questo modo è possibile qualificarsi per il programma di affiliazione. Oltre al programma di affiliazione, c'è un altro modo per guadagnare soldi come è il sistema di donazione, questo è attivato attraverso la creazione di un banner dove i seguaci possono fare donazioni che guidano la crescita del canale, quindi è importante la questione del carisma ai seguaci.

Un altro modo per monetizzare su Twitch, è approfittando del tuo pubblico per far parte di altri tipi di programmi di affiliazione, sia attraverso link che ti forniscono una commissione quando si verifica un acquisto dopo di esso, proprio come accade con il sistema di affiliazione di Amazon e altri negozi simili nel settore dei giochi.

Inoltre aggiunge la possibilità di monetizzare con affiliati e un sistema di bit, è quello di ricevere un centesimo per ogni volta che qualcuno utilizza un bit per voler inviare un tifo sul tuo canale, questa è un'altra alternativa che aggiunge per monetizzare il tuo account Twitch, tutto dipende dalla popolarità dell'account.

# Scopri cos'è la Twitchcon

Un evento che fa parte di questa piattaforma è Twitchcon, è un intero fine settimana dove attività, stream, tornei e qualsiasi altra concentrazione di fanatismo, perché è un evento dedicato per ogni streamer di godere, così come una buona concentrazione di alleati per far crescere il tuo account.

**Twitch non è solo lo streaming dei giochi**

Lo sviluppo o lo scopo di Twitch non è solo dedicato ai videogiochi, ma è anche una piattaforma interessante per tutti coloro che hanno qualcosa da raccontare, perché oltre ai videogiochi, un'altra categoria che si sta facendo strada è quella dei Talk Show e podcast, meglio conosciuti come "IRL", dedicati alla musica e alla recitazione.

All'interno di questi account c'è una grande varietà di contenuti dedicati alla scienza, così come alla tecnologia, persone che condividono idee artigianali, che si occupano di questioni di bellezza, e il mondo dello sport o del fitness ha fatto spazio all'interno di questa attraente piattaforma, per non parlare della trasmissione di ricette dal vivo.

Ma la grande distinzione di questa nuova tendenza, sono i canali "Just Chatting", che non è altro che persone che usano la loro webcam per parlare degli argomenti che preferiscono,

questo è fatto sotto le seguenti regole e politiche della piattaforma, è un ingegno che per molti è pazzo, ma genera un
grande margine di traffico.

Se è vero che lo streaming di giochi e tornei di videogiochi
ha più potere su questa piattaforma, riunendo milioni di persone che amano guardare altre persone giocare, è una tendenza generazionale che genera un'esperienza irresistibile
che mantiene viva la categoria.

## Cosa serve per creare un canale di successo su Twitch

Il requisito principale per un canale Twitch a crescere come
si aspira, è la perseveranza e grande desiderio di creare contenuti reali, avendo quel tipo di iniziativa aggiunge qualsiasi
accessorio rimane per essere di grande utilità come un PC o
una console di gioco che permette di trasmettere senza
preoccupazioni.

Oltre ad avere gli accessori per giocare, è necessario un software per eseguire lo streaming e può essere lasciato con una
grande impressione di qualità, per migliorare l'esperienza di
tali registrazioni hanno un microfono o cuffie è un importante
mezzo di comunicazione per raccontare o esprimere ciò che
accade.

Ciò di cui avrete bisogno dipende dal tipo di gioco che volete trasmettere in streaming, in modo da poter proiettare la migliore immagine possibile dello svolgimento del gioco, ma la maggior parte usa un PC che ha bisogno di almeno 8GB di RAM, insieme a un sistema Windows 7 o superiore, e anche un Mac è supportato.

Da un pc è importante avere una scheda grafica che sia abbastanza potente per lavorare con DirectX 10 o superiore, a questo si aggiunge la necessità di una connessione internet accettabile, che deve avere 3MB al secondo, questo è dovuto al carico che provoca la ritrasmissione così alcuni arrivano a usare due pc.

## Di che tipo di software hai bisogno per fare streaming su Twitch?

È essenziale che ogni streamer possa avere strumenti come un software di trasmissione, perché questo è il modo di mostrare il contenuto al mondo, per questo si usano programmi come Open Broadcasting Software (OBS), questo può essere usato gratuitamente.

D'altra parte c'è XSplit che ha un'interfaccia molto più intuitiva, anche se le sue funzioni più importanti sono a pagamento, una volta che vi conformate a questa scelta, è necessario fare le seguenti configurazioni; le fonti del gioco e anche della webcam, perché è una rappresentazione dello streaming.

Gli elementi che appaiono davanti allo spettatore devono anche avere un alto livello estetico, in modo che quando una persona si iscrive al canale, ottiene un aspetto di grande design, e infine in questioni di software è importante avere tutto sincronizzato con l'account Twitch per iniziare nel mondo del broadcasting.

## Come trasmettere in streaming dalle console di gioco

Se avete una Xbox One o PS4, avete la possibilità di registrare dalla vostra console, senza l'intervento di altri software, può essere più facile per alcuni, questo perché potete avere l'app gratuita Twitch su Xbox One e per PS4 potete entrare nel menu per condividere il sistema.

Anche se la differenza tra l'utilizzo di una console e un PC, è che la trasmissione da una console non può essere personalizzata come si è abituati, ma è un ottimo primo passo per andare a guadagnare comfort all'interno di Twitch, questa possibilità è offerta anche da Nintendo Switch, anche se è necessario avere una scheda di acquisizione.

Una delle alternative più popolari è senza dubbio la scheda di acquisizione Elgato Game Capture HD, per la registrazione senza soluzione di continuità in 1080p, da una Xbox One, 360, anche su PS4, PS3 e Wii U, ha una grande compatibilità con tutti i sistemi di uscita HDMI.

## Come fare streaming su Twitch da un PC

Quando si gioca dal PC, si può fare lo streaming semplicemente integrando un buon hardware, insieme a un software di streaming, avendo installato tale software o OBS o qualsiasi altro, basta accedere a Twitch.tv, andare al pannello di controllo, selezionare il gioco e poi colorare il titolo per lo streaming.

- Preparare la trasmissione con OBS

La prima cosa è cliccare con il tasto destro del mouse su OBS per eseguirlo come amministratore, la prossima cosa è andare alle impostazioni di streaming, dove si può andare su Twitch per accedere al servizio di streaming, quando si torna al pannello di Twitch si può selezionare la Stream Key per seguire le istruzioni e impostare tutto.

- Preparare la trasmissione con XSplit

Quando si apre XSplit la prima cosa da fare è aggiungere Twitch alla trasmissione, poi concedere l'autorizzazione, in modo che le impostazioni di risoluzione siano fatte automaticamente, modificare le proprietà sulla trasmissione e finire accettando le modifiche per entrare in azione questa modalità di ritrasmissione.

## Come fare streaming su Twitch da Xbox One

Quando hai una Xbox One puoi fare trasmissioni per diventare una grande star su Twitch, è molto facile seguire questa opzione, soprattutto è diventato più importante con i giochi su Fortnite, anche solo bisogno di eseguire una serie di passaggi precedenti per utilizzare questa console al meglio, con i seguenti passaggi:

- 1- È necessario scaricare l'app Twitch che si può ottenere dall'Xbox Store.
- 2- Quando accedi devi associare il tuo account Twitch attivo per iniziare a trasmettere dall'applicazione.
- 3- Poi per sincronizzare l'account è necessario visitare il https://twitch.tv/activate dal browser attraverso

qualsiasi dispositivo per inserire il codice che è sullo schermo.

- 4- Inserisci il gioco che vuoi trasmettere in streaming dalla Xbox One.

- 5- Facendo clic sul pulsante home è possibile entrare nella trasmissione, dove è possibile utilizzare Kinect o con il microfono, è anche possibile accedere con Cortana.

- 6- Inserisci il titolo della trasmissione e fai le impostazioni di microfono, Kinect e chat.

- 7- Iniziare uno stream completo su Twitch per essere un vero streamer.

## Come fare streaming su Twitch con PS4

Dalla PS4 è possibile trasmettere qualsiasi gioco per guadagnare contenuti sull'account Twitch, questo è l'ideale per il pubblico come Resident Evil 7, dove oltre a tutto si unisce la possibilità di fare commenti per aggiungere più eccitazione allo sviluppo, questo diventa una realtà con i seguenti passaggi:

- 1- Devi premere il pulsante per avviare l'azione di condividere un controller PS4 quando sei nel gioco.
- 2- Scegliete l'azione "Gameplay Broadcast".
- 3- Seleziona Twitch.
- 4- Devi accedere al tuo account.
- 5- Inserire il seguente indirizzo https://twitch.tv/activate per inserire il codice che si trova sullo schermo del televisore.
- 6- Scegliete un OK sulla PS4.
- 7- È il momento di scegliere ancora una volta il Twitch.
- 8- Ha opzioni personalizzate per avviare la trasmissione.
- 9- Una volta completate queste opzioni puoi essere in diretta su Twitch.

C'è un'applicazione su PS4 da Twitch, ma non è necessario per la trasmissione, ma utilizzato per godere il contenuto di altri, questa è un'alternativa che ha il PlayStation Store, perché non ci sono limiti per condividere contenuti su Twitch, sulla console stessa si ha questa opportunità.

# Come fare streaming su Twitch usando Nintendo Switch

La console Nintendo Switch permette di avere trasmissioni esclusive per Twitch, anche se è ancora necessario seguire la strada tradizionale con la scheda di acquisizione, altrimenti è possibile esercitare i seguenti passi per lo streaming tramite questa console:

- 1- Hai bisogno di una scheda di acquisizione, la trasmissione interna non è consentita dal Nintendo Switch, quando lo colleghi alla TV hai bisogno del cavo HDMI per vedere sulla TV quello che stai facendo durante la trasmissione.

- 2- Inoltre è necessario integrare il PC, dopo di che sarete in grado di controllare il gioco, per mezzo del software di trasmissione del PC anche se da questo punto di vista il gioco viene proiettato un po' in ritardo.

# Come catturare i momenti più epici su Twitch

In ogni canale Twitch può venire su un momento davvero incredibile che si desidera condividere con i tuoi amici, questo è facile da catturare in modo che il clou del sito Twitch può essere utilizzato come una pubblicità o semplicemente fare tendenza, questo è reso possibile attraverso la funzione chiamata come Twitch Clips.

Per avere i punti salienti del canale Twitch è possibile utilizzare le clip, questa funzione è estesa ad ogni utente Twitch, fino a quando sono canali associati, cioè tutti coloro che hanno un pulsante di sottoscrizione, una volta che hai questo requisito, basta seguire questi passaggi:

- 1- Entrare nel canale Twitch che si preferisce, e controllare che sia un account associato, questo può essere visto se il canale ha un pulsante viola di sottoscrizione, è anche necessario considerare che è un'opzione per i contenuti dal vivo, tuttavia con video pre-registrati non funziona.

- 2- Dovete passare sopra il lettore video e poi cliccare sulla clip in basso a destra, un video clip di 30 secondi aiuta ad esporre una nuova scheda, a seconda del tema di Twitch potete catturare clip di almeno 25 secondi prima del clic che avete dato.

- 3- Cliccando sulla scheda successiva per guardare il clip che è stato appena registrato, è possibile utilizzare i pulsanti Twitter, Reddit e Facebook, questi si trovano in alto a destra, in modo da poter condividere il video su uno qualsiasi di questi siti o spazi digitali.

- 4- Un'altra opzione che puoi usare è quella di copiare il link per inviarlo ad un amico, in questo modo possono vedere la clip dove appare il nome dell'utente in alto a destra, d'altra parte ci sono link per entrare direttamente nel sito web dello streamer in basso quindi è una forma di pubblicità.

Quando sei in streaming per i tuoi seguaci, è possibile rendere quel desiderio di mostrare un particolare frammento della riproduzione diventare realtà, soprattutto quando un gioco importante è stato fatto o è contenuto in primo piano, in modo da dare l'attenzione che momento merita con il clic personalizzato instagram.

# Dati di marketing digitale di Twitch per il 2021

La piattaforma Twitch è una proposta interessante all'interno del mondo digitale, soprattutto per l'enorme movimento di utenti attivi che permettono di effettuare campagne di marketing di tutti i tipi, quindi diventare visibile è ancora un'opportunità di essere un campo aperto dopo il quale effettuare la creazione di un canale di impatto.

Data la bassa saturazione che esiste su questa piattaforma c'è una grande possibilità di ottenere un significativo margine di successo, questa è una realtà che si mette in pratica quando si scoprono i seguenti trucchi e tendenze che hanno avuto origine dopo il traffico che persiste su Twitch e se siete interessati a questa piattaforma si dovrebbe sapere.

Le abitudini e gli interessi sulle trasmissioni aiutano a seguire da vicino la direzione che sta prendendo questa innovazione, dove si deve riconoscere che può cambiare la preferenza dei videogiochi per altri temi, è tutto sul tipo di pubblico che si vuole raggiungere che sta diventando più vario.

Quando si verifica una crescita o un cambiamento di tendenza sulla piattaforma è necessario agire e attuare un piano d'azione in modo che un account Twitch possa scalare a un grande livello, quindi con questi dati è possibile prendere le azioni correttive necessarie:

- La maggior parte degli utenti di Twitch ha tra i 18 e i 34 anni, e almeno il 14% ha tra i 13 e i 17 anni, quindi la tua immagine dovrebbe essere fatta su misura per questo pubblico.
- Circa il 65% del pubblico è maschio.
- Un numero elevato, il 23% del traffico proviene dagli Stati Uniti.
- Germania, Corea del Sud e Russia rappresentano il 18%, anche questa una maggioranza.
- La piattaforma è disponibile in 230 paesi.
- Più del 90% dei contenuti di gioco sono trasmessi in streaming su Twitch.
- Un'alta percentuale del 63% dei contenuti legati ai videogiochi viene trasmessa su questa piattaforma.
- Si prevede che gli spettatori su Twitch aumenteranno del 5,9% nel corso dell'anno.
- Durante l'anno 2021 si prevede che League of the Legends continuerà ad essere uno dei videogiochi più trasmessi su Twitch.

- L'argomento principale coinvolto su Twitch è l'uso della musica e anche delle arti dello spettacolo.

Attraverso questi dati non c'è dubbio che questa piattaforma emette solo segni di crescita, per questo motivo ci sono ancora molte strategie da effettuare su Twitch, è un campo aperto per innovare e rendere il vostro canale è orientato verso i dati più prevalenti, come una semplice azione di marketing digitale.

## Le tendenze che devi sapere su Twitch

Prendendo in considerazione ogni fatto utile sul marketing digitale di Twitch, c'è un grande interesse da parte delle aziende a dare il meglio di sé su questa piattaforma e catturare l'attenzione di ogni utente, ma oltre a questo è necessario considerare le seguenti tendenze di Twitch:

- **Celebrità in ascesa sulla piattaforma**

Normalmente quando si parla di celebrità sono associate solo a YouTube, ma su Twitch stanno spuntando o arrivando sempre più star del contenuto, queste sono uniche e includono musicisti, e anche altri tipi di star creative di grande nome, questo grazie a più persone che scelgono di far parte di Twitch.

Questa piattaforma apre la strada a presentazioni dal vivo, al punto di aggiungere concerti e altri eventi simili, dove l'obiettivo principale è quello di produrre interazione con i loro seguaci, questo tipo di relazione o nexus fa sì che possano rafforzare la loro immagine e che l'account può decollare dove ci si aspetta.

Nel caso di YouTube è tutta una questione di dedizione a fare video, anche se permette anche registrazioni dal vivo, ma su Twitch c'è un alto livello di impegno, poiché all'interno di questa piattaforma la vicinanza con il pubblico è molto più vicina di quanto si pensi, tutto è a tuo completo agio in modo che questo trattamento rafforzi l'account.

- ## L'azione di influencer marketing

Diversi utenti e aziende su Twitch vanno molto più sulle prestazioni di un influencer marketing, poiché con le loro campagne agende questo tipo di figura, per andare a uno streamer che ha una grande comunità di seguaci sulla piattaforma e farlo menzionare un marchio, l'azienda vince facilmente quel tipo di pubblicità.

Una strategia così nota come questa, apre la strada a uno streamer per optare per ottenere profitti importanti, è un interesse reciproco che nasce da entrambe le parti e per questo è una tendenza che non sembra cambiare nei mesi o anni futuri, tutto dipende dal modo di agire sul marketing digitale.

Finché si può catturare l'attenzione sul pubblico, non solo avanza il canale, ma molti marchi possono essere interessati a fare accordi con voi per approfittare della vostra popolarità, per questo motivo è prezioso per mantenere un alto livello di vicinanza con il pubblico, perché con quella fiducia si può monetizzare efficacemente.

Il modo naturale in cui si produce una trasmissione è quello che genera un punto d'incontro di interazione importante, dove indirettamente si stabilisce quella vicinanza con il pubblico, per questo ottenere un grande risultato su un canale non è così complicato, tutto dipende dalla creatività e dallo sforzo.

- **Annunci self-service**

Seguendo questa tendenza i marchi riescono a pubblicizzare ogni tipo di prodotto o marchio su Twitch, questo viene fatto attraverso azioni che vengono ricreate in diretta, dove si nota la partecipazione del messaggio pubblicitario, soprattutto in eventi che si svolgono in diretta e quando si nota la partecipazione del pubblico.

Questo concetto o attività si sviluppa quando una società è responsabile della creazione di contenuti che possono sedurre il pubblico dello streamer, questo non è complicato da esercitare attraverso una tale piattaforma interattiva, che si unisce a un sacco di strumenti offerti da Twitch per tutti gli scopi commerciali hanno uno sviluppo versatile.

- **Aumento della pubblicità e riduzione delle sponsorizzazioni**

L'aspetto degli annunci su Twitch è dovuto agli interessi e alle azioni degli utenti, per questo motivo i partner delle marche dovrebbero guardare lo stesso tema che domina l'aspetto della pubblicità, è un modo per tracciare la trasmissione di trasmissione che hanno successo, in modo che lo streamer può menzionare le marche inetersadas.

Il vantaggio della pubblicità attraverso Twitch e i suoi creatori di contenuti, è che offre accesso a una comunità più interattiva e anche appassionata dei loro gusti, quindi è una piattaforma più potente di altri social network, quindi questo è un mezzo per dimostrare la vicinanza al creatore e al pubblico.

L'impatto pubblicitario che ha questa piattaforma è di grande livello, e come la piattaforma postula una grande crescita, in quello stesso modo ci sarà più interessato a fare pubblicità su questo mezzo, per questo motivo questo tipo di pubblicità è associato al funzionamento di Amazon tutto è collegato in modo che i prodotti sono visti.

- **I momenti più popolari per attirare un pubblico**

Gli account Twitch di maggior successo hanno un modello di comportamento in comune, quel comportamento è quello di stabilire un programma da seguire attentamente, quando trasmettere con una frequenza ordinata si ottiene creando un'abitudine e avere un impatto migliore sul pubblico, quindi conoscere i giorni e gli orari più attivi sono utili.

Sfruttare al massimo il pubblico è la chiave per rafforzare un account Twitch, in questo modo i live stream possono raggiungere un livello o un'influenza migliore, quindi per raccogliere una grande portata è importante studiare il pubblico di destinazione per seguire il proprio modello e quindi stabilire trasmissioni regolari.

La differenza tra uno streamer professionista e un principiante è creare abitudini per emettere una grande immagine agli utenti, questa preoccupazione è perché il pubblico è fedele ai creatori che usano orari e soprattutto che presentano un'attività costante, questa è la garanzia che ogni utente merita di ricevere e che bisogna considerare.

- ## Lotterie e concorsi

Uno degli spettacoli più frequenti all'interno di Twitch con migliore impatto sono le lotterie e i concorsi, questo perché questa piattaforma è ideale per modellare eventi che hanno queste caratteristiche, inoltre ci sono un sacco di applicazioni che aiutano il culmine di questi eventi.

Finché c'è una lotteria in mezzo si può motivare ogni utente ad iscriversi al canale, così come la creazione di contenuti per ottenere il premio, questa è una grande strategia di marketing digitale che sta dando grandi risultati, perché tutti vogliono vincere e gli utenti stessi pubblicizzano l'account Twitch.

Ognuna di queste tendenze apre una grande pianificazione per coprire tutto l'anno, quando ogni punto è seguito con grande impegno, c'è una grande opportunità per raggiungere la crescita che ti aspetti, sono aspettative analizzate secondo la realtà degli utenti, quindi seguendo queste raccomandazioni si può eccellere sulla piattaforma.

# Il motivo per cui Twitch ha bisogno di strategie di marketing

Ci sono molte ragioni per includere il marketing su Twitch, la principale è la libertà di agire come un campo digitale non è molto saturo, e soprattutto come altri social network come Facebook e YouTube, questa piattaforma ha un grande potenziale per emettere un intento pubblicitario al pubblico.

Il potere pubblicitario positivo trovato in Twitch è una grande motivazione, si unisce anche il fattore della fase di crescita, quindi più tendenze possono emergere, e ci sono aziende che ogni giorno scommettono su questo settore, facendolo essere una piattaforma a cui impegnarsi e investire con un'aspirazione a lungo termine.

La performance globale che emerge su Twitch è un potenziale incredibile, dal momento che è un ambiente che permette di raggiungere qualsiasi angolo del mondo, per questo motivo diventa uno strumento per avere un pubblico di livello internazionale, e prima del lancio di qualche tenuta finisce per espandersi a grande velocità.

La popolarità di Twich è indescrivibile e si trova varia in una quantità significativa di categorie, questo conferma che il potere del live è ancora una realtà su questa tendenza moderna, quindi Twitch è considerato come una strategia di marketing di primo livello per la facilità di garantire l'interazione tra gli utenti.

Lo streamer è un punto di partenza essenziale per molti interessi globali, dove l'aspetto della passione e dell'amore per la creazione di contenuti dal vivo non si perde, perché al di là di un evento, è una conoscenza e un'abilità che viene messa in scena e fa sì che il pubblico sia ricettivo in ogni modo.

## Come diversificare il tuo pubblico

Twitch è un ambiente ideale per trovare contenuti di tutti i tipi, quindi è il luogo ideale per le celebrazioni di gioco, questa è una vera e propria arte o creatività da streamings dove ogni persona cerca di essere conosciuta per un'azione straordinaria all'interno del gioco e soprattutto per la sua personalità. Gli streamer diventano acclamati grazie alla loro gentilezza, fino al punto di dominare la chat come una star, ma per crescere e catturare pubblico è vitale avere uno studio di opportunità, presenza, tecnologia, interazione, coerenza e abilità, questi rappresentano un numero da analizzare per seguire quel percorso.

Per padroneggiare l'opportunità di crescere su Twitch è necessario fare partnership per aspirare al reddito, questa dinamica si sviluppa attraverso i seguenti passi per radicarsi su questa attività:

- Creare una nicchia

Per distinguersi tra milioni di utenti hai solo bisogno di buone idee, oltre ad accettare che puoi trovarti con account simili al tuo tema, l'importante è distinguersi con ogni idea specializzata, trasmettere contenuti di qualità, oltre a giocare e generare una grande immagine dove ogni spettatore si connette con ciò che emetti.

Il divertimento non può mancare all'interno del contenuto che viene trasmesso in streaming, si tratta di nuove informazioni ma senza lasciare da parte l'essenza del gioco, perché finché si possono seminare quei sentimenti di curiosità e intrattenimento, nasce una solida comunità verso il canale.

- Creare una frequenza di sintonizzazione

È fondamentale che nell'account Twitch sia stabilita una frequenza in modo che diventi un programma seguito e frequentato, questa attività dovrebbe essere come un'abitudine in modo che i seguaci non perdano le trasmissioni, si tratta di costruire un'agenzia importante da incontrare e che la pubblicità può essere fatta in altri social media.

Iniziare con uno streaming casuale renderà solo più complicato, quindi è meglio trasmettere un contenuto costante per raccogliere una buona quantità di seguaci, l'inizio di questa attività ha bisogno di impartire un'immagine affidabile per far crescere gli altri.

- Stringe importanti alleanze

Il successo di uno streamer è un segno o un'attrazione per considerarlo come un alleato necessario, perché lavorando insieme ad altri si può crescere insieme alla popolarità che altre stelle possiedono, in base alle alleanze si può costruire un nome su Twitch, questo accade approfittando degli amici in questo settore.

Partecipando a un evento o a una trasmissione non c'è dubbio che avrete un aumento di seguaci, quel tipo di presenza che si guadagna sulla comunità è un risultato assicurato attraverso l'associazione, e questo è conveniente perché una trasmissione sia più seguita.

- Offre intrattenimento e interazione

La funzione principale su Twitch si basa sul fatto che il suo scopo è quello di fornire intrattenimento, quindi l'esperienza che viene seminata sul pubblico fa parte di quel ruolo chiave da seguire attentamente, questo tipo di intrattenimento si fonde con l'interazione fornita dalle chatroom, è un obbligo mantenere entrambi gli elementi.

L'interazione assicura che un canale Twitch possa ricevere il sostegno dei seguaci, finché si può mantenere ogni seguace a proprio agio, finisce per essere vantaggioso per crescere all'interno di questa piattaforma, in questo senso la vicinanza è importante da mantenere per formare un pubblico fedele al contenuto che si fornisce.

Una volta che cresci un seguito non puoi perdere quel tipo di vicinanza con loro, perché tutto lo sforzo scende in modo significativo, non c'è motivo di passare a una personalità superiore, ma piuttosto di avere l'identità di un canale da ricordare sopra ogni cosa.

- Metti da parte i tuoi dubbi quando inizi a lavorare su Twitch

Iniziare nel mondo e nei compiti di uno streamer può essere un modo molto spaventoso per iniziare, non avendo il tipo di telecamera che altre stelle hanno, o anche sul tema del PC, questo non significa che non si può iniziare, la cosa importante è la volontà di sforzarsi di crescere, il resto può essere migliorato come si progredisce.

Avere un account Twitch non è così impegnativo come si potrebbe pensare, quindi avrete la libertà di trattare direttamente con il vostro pubblico, perché questa è la cosa più importante al di là dell'investimento in attrezzature, si tratta di essere in grado di fare un passo alla volta in modo che quando il vostro account è in aumento si può pensare ad uno studio.

- Il divertimento e la pazienza vengono prima di tutto

Entrare in Twitch è una carriera di successo per la quale dedicarsi, quindi il duro lavoro insieme alla pazienza diventano grandi armi in mezzo a questa piattaforma, anche se se i tuoi obiettivi sono economici è essenziale che durante i primi tre mesi tu abbia pazienza in questo senso, in quel periodo di tempo puoi goderti quello che fai.

Anche se per diventare famosi e generare denaro si stima una dedizione di almeno sei mesi, questo ad un certo punto può essere schiacciante, ma non c'è bisogno di perdere la testa o diventare un'ossessione, perché nelle circostanze l'umore può diminuire, la cosa vitale è che il vostro desiderio è ancora intatto.

La più grande ispirazione è ricordare il motivo per cui avete generato queste trasmissioni, perché se siete appassionati di gioco, questa è la chiave per attaccare con questa attività come un'abitudine, infatti diventa una carriera, in modo che questo alla fine può produrre una trasmissione molto divertente e piacevole per gli spettatori.

## I migliori giochi che devi conoscere per Twitch

Ottenere un grande margine di crescita su Twitch è un'ossessione per molti utenti, soprattutto quando si cerca di generare denaro attraverso la passione per i videogiochi, sfruttando al massimo i milioni di utenti attivi che sono su questa piattaforma è una grande opportunità.

Diventare un grande streamer dipende anche dall'abilità, tanti sogni si creano per dilettarsi in questo mondo, è possibile diventare un professionista su questo mezzo con dedizione e soprattutto conoscenza, perché la popolarità su Twitch è molto perseguita, ma anche certi argomenti sono molto seguiti e bisogna conoscerli.

Anche se su alcuni argomenti che sono tendenze è importante non saturare certi giochi che hanno già un sacco di materiale o contenuti, per questo motivo è meglio dedicare a formare una nicchia di esperti su un argomento per essere un punto affidabile attraverso il quale ogni utente può trovare ciò che amano.

Nel mondo dei videogiochi è vitale essere informati in anticipo, soprattutto per cercare di trasmettere il meglio di ogni gioco, e per garantire che la passione può essere notato su ogni colpo, quindi è possibile prendersi cura dell'impegno, questo è un punto principale per sfruttare il potere di ottenere più LED e diventare noto.

Con la popolarità di questa piattaforma e l'effetto di Amazon, c'è molto interesse nel trasmettere flussi con oggetti o prodotti attraverso i quali è possibile ricevere una grande entrata pubblicitaria, questa è una pratica molto popolare per la generazione Z e non si può trascurare per nessun motivo.

L'investimento e la dedizione sulla pubblicità è un passo fondamentale su qualsiasi tipo di piattaforma, così in Twitch non si può trascurare gli obiettivi del mezzo che garantirà una grande entrata, quindi sapere come esercitare la pubblicità risolve molti dubbi o preoccupazioni, dove il mondo dei giocatori domina questa piattaforma.

Pianificazione di entrare Twitch è un passo necessario, questo determina la comunità più importante per accedere a quel tasso di partecipazione che è garantito con il tuo pubblico, questo insieme con la capacità è un'arma potente, così con i seguenti 10 giochi è possibile ottenere creare un canale di primo livello:

- ## 1- Super Mario Maker

Il gioco Super Mario Maker è un noto platform a scorrimento laterale che ha guadagnato un grande margine di successo sul marchio Nintendo, dove i fan di Mario occupano una posizione importante, dove ogni traccia personalizzata viene condivisa agli altri utenti con grande passione.

Un altro motivo per cui questo gioco ha un peso importante è dovuto alle 100 sfide di Mario, dove si può anche esplorare completamente il Regno dei Funghi per impartire grande divertimento a tutti i tipi di spettatori, questo perché è un gioco perfetto per lo streaming e promuovere il tuo account.

L'interazione con il pubblico di Twitch è molto più facile da sfruttare con un gioco così frequente come questo, soprattutto quando il pubblico segue da vicino questo tipo di tendenze digitali, e c'è un grande pubblico appassionato di questo gioco, quindi è possibile creare il proprio contenuto e condividere questo tipo di gioco.

- ## IRL

L'azione della pubblicità su Twitch rappresenta un grande investimento in ogni modo, quindi cercare di avere un livello più alto di pubblico è un obiettivo chiaro, quindi l'inserimento di un'applicazione è la soluzione in molti modi, soprattutto per la combinazione tra il carisma reale e il mondo virtuale di un videogioco.

La presentazione di Amazon dell'IRL ha generato alcuni dubbi, anche se è necessario chiarire che non è davvero un gioco, ma un canale dove gli utenti riescono a trasmettere momenti della loro vita, quel tipo di funzione è ideale per avanzare su una piattaforma e quando si genera la funzione di trasmettere un gioco.

Ogni utente può condividere tutta una serie di contenuti che sono diversi dall'aspetto di giocatore, poiché si tratta di condividere e catturare alcuni momenti di vita quotidiana, questo tipo di intrattenimento provoca un grande interesse su un certo pubblico, perché non cercano solo di vedere contenuti sintetici, ma sono alla ricerca di contenuti di una vita propria.

- **3- Lega delle leggende**

La popolarità di League of Legends si è ripetutamente fatta sentire su Twitch, in modo tale è accaduto nel 2017, dove è diventato uno dei giochi più richiesti su questa piattaforma, il suo interesse è arrivato a coprire fino a 80 milioni di ore di trasmissione riferendosi a questo tema.

LOL content è un gioco che è stato tradizionalmente acclamato sulla piattaforma, questo è dovuto alla passione per le strategie e gli eventi che nascono dopo una battaglia online, a questo si aggiunge il confronto che hanno creato online per formare squadre e creare un grande spettacolo.

La popolarità di questo gioco su Twitch è alta, anche verso un accordo professionale, perché finché può generare un livello più alto di concorrenza aumenta la quantità di spettatori, e non c'è niente di più affascinante sul gioco che la competitività, quello spirito di auto-miglioramento aiuta a trovare un pubblico attivo.

- ## 4- Grand Theft Auto V

Questo gioco fornisce un'alta percentuale di avventura e azione, quindi è arrivato ad essere considerato uno dei migliori, a questo punto diventa un prodotto di intrattenimento distinto, quindi in Twitch ha uno spazio importante, dal suo lancio nel 2013 il suo ampio design ha causato un alto livello di attrazione.

La tendenza che ha segnato nel mondo è dovuta al suo enorme fan club, questi sono ben distribuiti sull'applicazione, per questo motivo è diventato un ottimo argomento da considerare, questa è una misura speciale per i nuovi utenti e anche per le marche di essere un modo per catturare più pubblico.

- ## 5- Counter-Strike: Global Offensive

Attraverso il Conter-Strike: Global Offensive accesso a un pubblico classico e appassionato di giochi, così all'interno degli utenti Twitch è una grande opportunità per causare una sensazione grazie a questo tema, è anche un'opzione molto popolare perché è un gioco semplice.

L'alta competitività tra due squadre e la lotta per la vittoria è una grande dinamica che genera attrazione sulla piattaforma, con le otto modalità di gioco e le sue caratteristiche c'è molto da esporre e Twich è un mezzo ideale per questo scopo, dove il pubblico può arrivare a connettersi con i vostri giochi.

La traiettoria che si può raggiungere con questo gioco è notevole, ma come è una tendenza affollata, il più abile sarebbe quello di unirsi con qualche influencer su questo mezzo, o in un altro social network per guadagnare traffico sulle trasmissioni che si possono fare, le forze più si uniscono, finisce per riflettere un gran numero di spettatori.

- **6- The Legend of Zelda: Breath of the Wild**

Attraverso la saga di The Legend of Zelda è un grande scenario per emergere su Twitch, soprattutto per la sua popolarità con Nintendo, e da ogni puntata che viene rilasciato immediatamente dettagli diventano tendenza su questa piatta-forma, è stato anche classificato come uno dei migliori vi-deogiochi.

In Twtich con un pubblico appassionato di questo gioco può avanzare molto rapidamente, soprattutto approfittando della potenza di ogni console, a che PlayStation, Xbox o Nintendo hanno ciascuno la propria comunità seguendo, al punto di avere un alto numero di fan che preferiscono ogni incidenza di questo gioco.

Negli ultimi tempi questo gioco sta diventando sempre più acclamato, tutto grazie anche alla conoscenza che è stata distribuita sul pubblico, e padroneggiando un dettaglio su questa tendenza è possibile inserirsi con l'obiettivo di gene-rare appeal, oltre a lanciare tutta una serie di campagne pub-blicitarie legate a questo gioco.

- ## 7- Morto di giorno

Per creare contenuti per coloro che amano il mistero e allo stesso tempo l'orrore, la risposta per questo nasce su questo gioco dove ogni lotta per la sopravvivenza diventa molto in-teressante, dove lo sviluppo si basa su un giocatore contra-pposto a quattro, e si tratta di assassini che combattono per la sopravvivenza.

Ogni spettatore che fa parte di Twitch è alla ricerca di un'esperienza indimenticabile, con questo gioco si sentirà un vero e proprio film horror, nel mezzo dello sviluppo è possibile creare un grande carisma che ti eleva di livello all'interno della piattaforma, a questo punto si può puntare interamente sul marketing digitale per una grande atmosfera.

- ## 8- Minecraft

Un gioco come Minecraft è descritto come una grande avventura, nonostante le prime impressioni, mettendo i blocchi si rivela essere una grande opportunità, dopo il 2009 è diventato un gioco per PC che ha generato un enorme numero di vendite, il che significa che dietro di esso è un pubblico grande e appassionato.

Potendo creare i propri mondi, si ha la possibilità di impostare un account attraente, dove le attività di esplorazione possono sedurre gli spettatori, l'obiettivo è che si possa offrire una grande esperienza e sfruttare al massimo il contenuto di questo videogioco, quindi significa un successo garantito.

- ## 9- Resident Evil 7

Il gioco che possiede tutte le emozioni forti, senza dubbio è Resident Evil 7, ognuna delle sue saghe scoprire dettagli importanti che non si può trascurare, è un fascino che non si può perdere per qualsiasi motivo, questa è una tendenza che è stato ben accolto dal pubblico a seguire da vicino il terrore. Quella paura che deriva dagli zombie che combattono con altre creature è postulata come una grande calamita per trattenere sempre più spettatori, approfittando del fatto che questo è uno dei migliori giochi, anche se copre un target un po' più adulto di quello tradizionale, queste considerazioni sono fondamentali per farvi entrare tra i fan di questo gioco.

- **10- Fortnite**

Uno dei giochi con un alto livello di popolarità sui flussi è Fortnite, da quando è arrivato con il suo rilascio nei pacchetti software, è diventato una modalità di gioco molto popolare, guadagnando tutta l'attenzione sui giochi Battle Royale, soprattutto per la versione che permette di giocare o partecipare gratuitamente con 100 giocatori.

Questi sono giochi che hanno un ampio livello di pubblico, è un contenuto che non può mancare nelle tendenze moderne, o almeno può essere utilizzato come parte di una strategia per essere conosciuto, il trucco è quello di scegliere il gioco che va più con il tuo stile e causare una grande sensazione sul pubblico.

La scelta di un gioco è una missione iniziale che dovrebbe essere fatto con attenzione per garantire che siete sotto un tema che ha potere su Twitch, anche se tutto il pubblico si connette più con la naturalezza anche che si può trasmettere, in mezzo a quella interazione è che si riesce a promuovere se stessi nel modo che ci si aspetta sulla piattaforma o altro social network.

Con un gioco definito, è possibile stabilire alleanze commerciali per diventare un ambasciatore di una marca, dove ogni vista sarà ben ricompensata e si ottiene una motivazione in più per ottenere più pubblico, questo tipo di azione crea un conto duraturo e un incentivo a prendersene cura.

Ora che conoscete il gioco e i modi per sfruttare il suo prezioso impatto, potete plasmare un progetto migliore sul vostro account Twitch, persino trasformarlo in un marchio importante, seguendo il corso del marketing digitale non c'è dubbio che questo finisce per riflettersi sulla quantità di seguaci e anche di spettatori.

## Strategie per aumentare il coinvolgimento su Twitch

Il mezzo di streaming è un mondo che ha bisogno di misure di marketing, ma per fare questo quando si inizia il tuo canale è necessario imporre obiettivi per creare strategie che rendono possibile soddisfare ogni obiettivo, dove le basi è quello di puntare su ottenere visibilità e ottenere quella quantità di seguaci che ti aspetti.

Oltre a creare il canale Twitch richiede impegno, perché è necessario attenersi ai propri obiettivi, soprattutto se si sta cercando un beneficio economico, questo diventa una realtà grazie ad uno sforzo chiaro che dimostra la vostra passione, ma per vivere su Twitch la prima cosa da fare è raggiungere i seguenti obiettivi:

- 1- Hai bisogno di più utenti che visitino più spesso il tuo canale per la prima volta.

- 2- In ogni trasmissione in diretta, gli utenti devono rimanere per almeno 3 minuti.

- 3- L'interazione è una regola generale, quindi più commenti nella chat e meglio è per l'immagine del canale.

- 4- I seguaci sono l'obiettivo soprattutto per guadagnare popolarità, senza persone non c'è attenzione o scopo della trasmissione.

- 5- Il canale del flusso deve essere concorde con il ritorno dell'utente.

- 6- Ottenere abbonamenti e donazioni.

Attraverso questi importanti punti o obiettivi si riesce a lasciare da parte gli errori o distrazioni all'interno della crescita dell'account Twitch, ma ogni cosa ha il suo tempo ed è necessario crescere con molta pazienza, per questo motivo è necessario conoscere un passo per passo per emettere le strategie necessarie dove il potere nasce attraverso il profilo.

## Creare un canale Twitch accattivante

Per far sì che un canale Twitch raggiunga davvero il livello previsto, è necessario iniziare con un buon design, questo include fare una buona foto del profilo, oltre a fare tutte le regolazioni sui pannelli informativi, per descrivere i giochi o il contenuto da trattare per esporlo in modo eccellente.

L'ambiente e il design generano un buon impatto per presentare il tuo account, tutto deve essere associato al gioco o al contenuto mostrato nella trasmissione, a questo si aggiungono le informazioni personali dello streamer, dove è possibile esporre il conto PayPal, mentre il tema del sistema dovrebbe ricevere aggiornamenti automatici.

L'immagine e il progetto del canale devono essere chiari fin dall'inizio, purché si possa seguire un'identità, insieme a un campione di personalità divertente, per risvegliare più motivi attraverso i quali possono amarti su Twitch, dove si uniscono due motivi, il saper intrattenere o l'abilità e la conoscenza su un determinato argomento.

Affinché un seguace possa rimanere abbastanza a lungo sulla trasmissione è necessario essere in grado di suscitare le emozioni necessarie, perché se non si attira l'attenzione è molto facile che si ritirino dal video, ecco perché l'attrazione è un punto importante da considerare e che non può mancare in uno streaming.

I fattori che vengono evidenziati e che contano per un utente Twitch è l'immagine del canale, insieme con il titolo della trasmissione, per raggiungere un numero significativo di spettatori, per capire il rapporto tra questi tre punti è definito successo su questa piattaforma, per questo questi concetti sorgono:

- Immagine del canale

Su Twitch è molto importante considerare l'immagine del canale, anche se su questo punto non si può fare nessun tipo di manipolazione, questo tipo di immagine è quella che viene esposta nel momento in cui nasce il live stream, ma si ha il controllo di emettere una grande immagine personale attraverso il layout che è sopra lo stream.

La differenza di attirare l'attenzione o no, riguarda questi piccoli dettagli, perché senza o con gli aiuti aggiuntivi di questa piattaforma si ottengono seguaci, ma questi possono lasciare completamente se non trovano un'impressione ideale, il design lascia sempre un precedente importante.

- Titolo del canale

Il titolo del canale è un aspetto di grande valore, perché se non è audace o contagioso non causerà un grande effetto sul pubblico, è anche ciò che vi farà risaltare, quindi la raccomandazione è che sia originale, molto preciso in modo che non sia noioso, poi c'è l'intenzione di mantenere l'aspettativa. Il beneficio del canale è sempre importante da emettere per ogni utente, quindi questi sono principi di base che vengono utilizzati all'interno della pubblicità, questi non sono suggerimenti nuovi, ma così come sono molto popolari, sono essenziali per rispettare, un minimo di sviste e si perde impatto da metodi così accessibili.

- Numero di spettatori

Il numero di spettatori è una stima, quel test serve a misurare il tipo di importanza che lo streaming sta ottenendo sulle altre persone, perché se è sulla strada giusta questo si riflette su quella quantità, e l'idea centrale è che più persone entrano o vogliono seguire il contenuto da vicino.

Anche se questo tipo di risultato dipende direttamente dall'algoritmo di Twitch, poiché funziona in base a questo fattore, perché i canali che hanno più pubblico vengono promossi, e per tutti coloro che iniziano questo rappresenta un grande svantaggio, soprattutto perché ogni giorno emergono più canali nuovi.

Correggere quel dettaglio di avere spettatori che rimangono tre minuti sulla trasmissione è un aspetto fondamentale da seguire, quella media è fondamentale per valutare il valore che causa o emette il canale, anche se per molti versi è positivo avere un pubblico più piccolo perché è più facile da controllare.

La frequenza degli utenti può essere gestita quando si tratta di una piccola quantità di utenti, perché un principio all'interno del marketing è quello di mantenere i primi utenti, per mantenere il pubblico che il tuo account ha bisogno, l'intenzione è che si può prendere cura di ogni utente e poi pensare a guadagnare di più.

# L'algoritmo di Twitch che ostacola la tua crescita

La prima cosa da considerare con quel desiderio di crescere su Twitch, è che è necessario capire come funziona l'algoritmo, in quanto questa è la causa principale per cui alcuni canali sono visti più in alto di altri, l'importanza della visibilità è dovuta a trovare una maggiore viewability con facilità.

Il posizionamento all'interno di Twitch è essenziale per padroneggiare, questo esiste all'interno di ogni social network, e questa piattaforma non fa eccezione, ma il suo punto di differenza tra un account e un altro è la quantità di spettatori, che è il fattore chiave da coprire per essere all'interno del top dello streaming di una categoria o un videogioco.

Per salire all'interno di questa piattaforma è necessario avere un numero di spettatori, altrimenti tutto diventa complicato, senza coprire questo aspetto è impossibile per i nuovi utenti trovarti, altrimenti la crescita del tuo account Twitch è bloccata quindi è necessario occuparsi di aumentare gli spettatori.

Una soluzione chiave è la personalizzazione del vostro streaming, questo può essere fatto per mezzo di un framework, widget, estensioni e avvisi, ottenendo così una migliore impressione sul canale con una trasmissione professionale in modo che la vostra trasmissione possa presentare quel tipo di attrazione di cui avete bisogno.

È necessario eseguire una metrica post-streaming grazie alla piattaforma mostra importanti dati avanzati, dopo quel progresso è possibile portare alla luce il momento attraverso il quale si fa una conversione più alta nel canale, con quello studio è possibile migliorare il vostro activad sulla piattaforma per replicare i comportamenti che danno risultati.

## Tutto sui bot di Twitch e le loro caratteristiche

Nel bel mezzo dello sviluppo di Twitch sono stati presentati siti web e applicazioni che non hanno uno scopo illecito, ma se essere un modo molto più facile per crescere su questa piattaforma, nel caso di interrogare la funzione che compie un bot su Twitch, sono software creati per eseguire compiti ripetitivamente.

L'intelligenza di questi componenti aggiuntivi rappresenta un grande livello per sostituire il lavoro umano sull'interazione di questa piattaforma, ma tradizionalmente hanno coperto funzioni come il riconoscimento vocale, questo è un esempio della grande varietà di bot che esistono e ciascuno soddisfa uno scopo particolare.

Nel caso di Twitch sono implementati tre tipi di bot, i principali sono: Chats-bots, view-bots, e follow-bots, il primo ha una funzione che non fallisce e serve come un grande supporto per interagire, i due seguenti anche ma qualsiasi errore o abuso può originare un'espulsione temporanea o addirittura permanente.

La situazione di rischio di cui sopra si verifica perché i Chatsbot si basano su un sistema dotato di intelligenza artificiale per esercitare funzioni attraverso le quali possono interagire con gli altri membri del canale e passare inosservati quando generano un'interazione per farsi conoscere.

Questi bot sono popolari all'interno della piattaforma, anche se è fondamentale che il loro funzionamento sia moderato in modo che Twitcht non possa sorgere alcuna sanzione, i principali vantaggi del bot sulla chat e l'interazione sono i seguenti:

- Per gli utenti che usano un linguaggio offensivo, può scattare una sospensione a seconda della durata da voi stabilita.

- Puoi creare lotterie e realizzare qualsiasi strategia per eccitare i membri della chat.

- Sviluppare comandi personalizzati per le chat.

- Facilita le richieste di canzoni per mantenere un alto livello di interazione.

- Il bot emette una risposta a un comando inserito da un utente.

Mentre i follow-bot e i view-bot sono presentati come sistemi per aumentare i numeri e migliorare l'impressione del canale, questo tipo di comportamento è contro le regole di Twitch, soprattutto quando si utilizzano account falsi così come script illegittimi che vengono utilizzati per questo scopo.

L'uso di questi bot è totalmente proibito, le sospensioni si aggirano da uno a trenta giorni, in caso di recidiva la punizione può essere applicata per un periodo indefinito, quindi bisogna prendere precauzioni per evitare di perdere il canale, per questo motivo più si conosce, si può usare a proprio vantaggio senza tanti rischi.

## Imparare a usare un bot per le chat di Twitch

La funzione delle chat-bot è orientata a facilitare il lavoro di un moderatore per rendere gli streamer più a loro agio su Twitch, attraverso il seguente passo per passo si può imparare il modo migliore per controllare la chat dei vostri video:

- 1- Accedere a Twitch

Ogni bot ha alcune opzioni particolari, ma il funzionamento è sostanzialmente lo stesso, quindi il primo passo da fare è collegare il tuo account Twitch con il bot.

- 2- Entrare

Quando si collegano le due piattaforme è necessario essere sul sito ufficiale del bot, in modo che si può poi trovare il pulsante per accedere con Twitch, dove è necessario inserire i vostri dati personali per completare questo passaggio di accesso.

- 3- Requisiti finali

Per completare il processo devi solo seguire alcuni passi che sono diversi per ogni bot, a seconda di quello che stai usando, quando completi ogni requisito il bot diventa attivo nella chat, è un membro della comunità Twitch, puoi anche avere accesso alle impostazioni del chat-bot per soddisfare le tue esigenze.

**Le funzioni dei chatbot**

Prima di prendere in considerazione i chatbot è essenziale essere molto chiaro su ciascuna delle funzioni che sono in grado di esercitare, sapendo come usarli completamente si può arrivare a dominare la chat quanto si vuole, le azioni più importanti che copre il bot sono i seguenti:

- Aiutano a moderare la chat per mezzo di comandi personalizzati, in questo modo ogni utente può avere accesso ed essere trattato bene, è un grande supporto contro i troll.

- Attraverso questi moderatori tutti i tipi di trasmissione diventano semplici e dinamici, anche se non sostituiscono le azioni dei moderatori umani, ma fungono da supporto.

- Limitare gli utenti che usano parole offensive nella chat in modo che tutto sia in ordine.

- Permette di organizzare attività dinamiche come giochi e lotterie sulla chat.

- Applica tutti i comandi possibili sulla chat dopo la personalizzazione.

- Offre un'esperienza divertente che può aumentare l'azione interattiva con la possibilità di richiedere canzoni.

- Fornisce risposte all'utente se questi posta e attiva un comando all'interno della chat.

# La lista imperdibile dei migliori chatbot da usare su Twitch

La funzione delle chat-bot si basano sull'essere un grande strumento di interazione può essere sviluppato in modo efficiente, al punto di essere utilizzato come moderatori umani, può essere responsabile per incoraggiare il contatto con migliaia di partecipanti che sono nella chat, per questo è possibile utilizzare i seguenti bot considerati i migliori:

- **Nightbot**

Il design di questo bot è diretto su YouTube, questa opzione offre funzioni importanti per affrontare la moderazione della live chat in modo efficace, questo è un modo automatico per avvicinare il pubblico, quel livello di interazione aumenta l'interesse sul tuo canale essendo proprio quello che ti serve.

Il funzionamento di questo bot fornisce un pannello di controllo molto ampio dove è possibile personalizzare i vostri obiettivi con tranquillità, in questo modo si avrà tutti i tipi di informazioni sulla chat della comunità senza problemi, queste opzioni di personalizzazione generano registri di chat che sono molto utili, nessun download e funzioni gratuite.

- **Moobot**

Il Moobot è un bot con grande traiettoria su Twitch, per questo motivo è uno dei più efficienti, questo accade perché le loro azioni sono automatizzate, quindi puoi dimenticarti di esso e l'interazione diventa garantita, soprattutto con le caratteristiche che ha così eccezionale.

Le caratteristiche aggiuntive di questo bot includono la protezione dallo SPAM, insieme a risposte coinvolgenti in chat per suscitare interesse, il suo lavoro è personalizzato da comandi che soddisfano ogni esigenza degli spettatori, utilizzando strumenti avanzati a vostra disposizione.

- **StreamElements**

Lo StreamElements è un programma con alte prestazioni che può essere aggiunto alla chat su Twitch dove viene gestito e pulito con facilità, questo è anche compatibile con altre piattaforme, dal primo istante che la trasmissione avviene, tutto è nelle mani del bot per assistere ogni partecipante che fa parte del flusso.

Tra le caratteristiche del bot ci sono comandi e moduli per sbarazzarsi del fastidio dello SPAM, a questo si aggiunge l'integrazione di un timer per penalizzare gli altri utenti per qualsiasi irregolarità, per questo ci sono 30 comandi per la chat per avere le prestazioni che ti aspetti.

- **Streamlabs**

Questo bot era conosciuto come Anknbot, è un bot sviluppato e ideale per l'uso in Mixer, YouTube e Twitch, la sua differenza con altri bot è basata sull'esercizio di un sistema di valuta, la conduzione di lotterie, la tabella dei voti, eventi, scommesse, e tutta una serie di funzioni.

Gli strumenti di moderazione forniti da questo bot sono una grande opportunità, anche se è un sistema gratuito, è un'alternativa affidabile perché incorpora importanti alternative di formazione, con questa gestione della chat puoi rendere il canale più attraente di quanto ti aspetti.

- **Deepbot**

Infine c'è Deepbot, è postulato come un software gratuito dedicato alle donazioni, oltre la sua missione di moderare la chat di Twitch, funziona anche per assegnare premi ai membri della trasmissione, questo si materializza con lotterie, richieste di canzoni, e qualsiasi tipo di dinamica.

Un bot di questo tipo ha comandi molto avanzati per gestire l'interazione all'interno del canale, con ampia possibilità di personalizzare i comandi secondo le vostre esigenze, il sistema è nella nuvola quindi è una grande struttura per nessun download, è un ottimo modo per il canale Twitch funziona correttamente.

# L'hack gratuito per Twitch.tv 2021 che ti serve

Una volta che sei interessato a crescere e ottenere l'hack per Twitch, non c'è dubbio che questa motivazione è dovuta all'aspirazione di scalare più velocemente e più semplicemente, anche se in prima persona è necessario sapere che non c'è nessun hack che è totalmente gratuito, ma ci sono modi attraverso i quali è possibile aumentare la quantità di spettatori senza sforzo.

## • Seguaci gratuiti via Like4like.org

Attraverso il sito web Like4like.org può produrre grandi aumenti di seguaci, e la cosa migliore di tutte è che è un passo gratuito, dove il requisito principale è quello di seguire come altri account o persone, ma questo può essere fatto da un altro account per non dare una cattiva impressione e non sollevare sospetti.

Questo tipo di processo non è complicato, devi solo eseguire i seguenti passi per aggiungere il tuo canale alla lista dei siti web:

1- Devi registrarti sul sito Like4like.org.

2- Vai su "Ad and manage pages", poi "TwitchFollows".

3- Inserisci l'URL che proviene dal tuo profilo Twitch, e inserisci quanto pagherai per ogni follow, puoi anche inserire una descrizione.

4- Clicca su "Aggiungi URL".

Una volta che hai completato questi passaggi, devi ottenere i punti che scambierai con i follower di Twitch, questo viene fatto dopo il seguente processo:

1- Accedi a "Social Media Exchange", e poi a "Twitch Followers".

2- È il momento di seguire i canali di altre persone per ottenere i punti di cui hai bisogno.

Seguendo questi passaggi è possibile ottenere i seguaci di cui hai bisogno per il tuo account Twitch, il meglio di tutto è che sono reali e non c'è limite ad esso, inoltre non si incorre in alcun rischio di perdere l'account, queste sono persone che stanno anche cercando di far crescere il loro account.

## I migliori hack a pagamento per Twitch

È necessario chiarire che gli hack a pagamento sono molto più efficienti, perché oltre i follower si può anche trovare l'acquisto di spettatori per il momento in cui si fa uno streaming, in questo modo un video guadagna più potenziale attraverso le visite che causano l'account di essere molto più attraente, si dovrebbe considerare quanto segue:

- **Twitch bot (economico)**

Attraverso questo sito web si ottengono grandi opzioni per un prezzo accessibile, dove i pacchetti includono visualizzazioni video, spettatori, seguaci e anche commenti dal vivo.

- **Laboratori di visualizzazione (costosi)**

Questo altro sito web è uno dei migliori bot per rilevare Twitch, la sua offerta è simile a Twitch Bot, anche se il funzionamento è migliore per il realismo che fornisce, il dettaglio è quello di avere un budget che può raggiungere, se avete la possibilità è un bot che chiunque vorrebbe avere.

La funzione aggiuntiva di questo bot si basa su un servizio che ti avvicina agli altri servizi, in modo da poter testare tutti i tipi di funzioni per almeno mezz'ora gratuitamente, in modo da garantire che sia un investimento ottimale.

## Si può bannare un account per aver usato un hack o un bot?

Questo dubbio può fermare l'intenzione di chiunque di crescere in Twitch utilizzando hack, ma la risposta ad esso è un clamoroso "dipende", il motivo per questo è necessario sapere per sapere cosa fai, nel caso di utilizzare bot se possono vietare voi, lo stesso accade con gli hack di pagamento, questo accade perché è l'azione di bot.

Ma quando si utilizzano i media gratuiti, l'account non è vietato, questo perché i seguaci sono persone reali, questi sono responsabili per ottenere seguaci, spettatori e commenti, quindi non sono invalidi, questo è un chiarimento sorprendente perché si pensa che pagando ci sia meno rischio.

È importante prendere in considerazione che quando si utilizzano bot o alcuni hack per crescere su Twitch, è possibile raggiungere un numero medio e lasciarlo per un po' fino a quando non ne hai bisogno, la cosa essenziale è usarlo a favore per guadagnare interazione, anche questo aiuta a proteggerti dal destare sospetti sul team di sicurezza della piattaforma.

## Scopri come aumentare e falsificare il numero di spettatori su Twitch

La popolarità di Twitch è in gran parte dovuta alle celebrità che si formano trasmettendo il modo in cui giocano da casa, questo non solo crea fama, ma si può anche guadagnare milioni di dollari attraverso il gioco e soprattutto con una personalità naturale per dimostrare le loro abilità o novità.

Tutti vogliono raggiungere quel livello di crescita su Twitch, perché costruire un nome su questa piattaforma può essere complicato, ma c'è una possibilità di guadagnare migliaia di spettatori senza tanta attesa o problemi in mezzo, è le visualizzazioni false, queste aiutano il tuo account può migliorare per essere attraente per le visualizzazioni reali.

Tuttavia, Twitch ha una politica molto dura per trattare con i follower e le visualizzazioni false, quindi se un utente viene sorpreso con queste pratiche può ricevere alcune correzioni, ma è possibile mantenere quei numeri di vista invisibili per passare inosservati dalla sicurezza.

I tentativi di hackeraggio di questa piattaforma stanno diventando sempre più frequenti, ecco perché si dovrebbe conoscere il software principale o quello che ha funzionato meglio per Twitch-viewer, in questo modo si può essere sicuri di ottenere numeri che non sono di grande livello per non sollevare alcun sospetto.

## Incontra i migliori bot di Twitch

- **Twitch Viewer Bot**

Arrivare in cima a Twitch richiede ulteriori sforzi e aiuto, quindi l'uso di Twitch Viewer Bot è un servizio molto utile che presenta funzioni impercettibili per soddisfare lo scopo di ottenere più spettatori che sono così necessari per raggiungere il successo all'interno di questa piattaforma.

Attraverso questo viewer bot si ha la possibilità di selezionare la quantità di spettatori che si sta cercando di ottenere, si può anche avere la chat attivata in modo da poter trasmettere un'immagine reale del canale, per questo il chatbot è ideale perché è responsabile della scrittura di messaggi insieme ai commenti come parte di quella interazione necessaria.

Questo tipo di supporto dà l'impressione che si tratti di persone reali, soprattutto quando permette di regolare la frequenza dei messaggi, l'intera operazione sembra autentica, quindi è un ottimo strumento per aggiungere fino a migliaia di seguaci sul canale in pochi minuti.

Raggiungendo una grande quantità di spettatori e seguaci si raggiunge un alto livello di popolarità su Twitch, soprattutto perché il bot agisce come un add-on anonimo che viene trascurato su questa piattaforma, è considerato un modo sicuro per smaltire con spettatori falsi dove le informazioni sono protette da proxy.

Non c'è nessuna restrizione per usarlo, questo ti permette di usarlo a tuo vantaggio, questo servizio è disponibile sotto quattro modalità diverse, dove offre un numero specifico di seguaci, spettatori e utenti della chat, il bronzo vale 10 dollari ed è il più economico, con 1000 seguaci, 75 spettatori e 50 nella chat.

- **Streambot**

Quest'altro bot ha un effetto importante su Twitch, è facilmente utilizzato per raggiungere i numeri minimi necessari per iniziare a fare soldi su questa piattaforma, tutto grazie al fatto che hanno un importante database di spettatori, questo sito ha 2 milioni di utenti e 15 milioni di spettatori giornalieri.

Un servizio come questo bot è una spinta per arrivare in cima molto presto, in questo modo un canale può essere amplificato e cambiato con le sue caratteristiche in appena due giorni, in più hai la libertà di personalizzare il numero di spettatori che vuoi e la fonte, insieme alla frequenza dei messaggi che vengono trasmessi nella chat.

# Altri titoli di Red Influencer

**Segreti per gli influencer: Hack di crescita per Insta-
gram e Youtube**

Segreti pratici per guadagnare abbonati su Youtube e Instagram, creare coinvolgimento e moltiplicare la portata.

Stai iniziando a monetizzare su Instagram o Youtube?

In questo libro troverete Hacks per aumentare la vostra portata. Segreti per Influencer diretti e chiari come:

Automatizzare i post di Instagram

Come generare traffico su Instagram, 2020 trucchi

Algoritmo di Instagram 2020, impara tutto quello che devi sapere

Suggerimenti su Instagram per migliorare l'interazione dei nostri follower

18 modi per guadagnare follower su Instagram gratis

Impara con noi come monetizzare il tuo profilo Instagram

Siti web chiave per ottenere rapidamente seguaci su Instagram

Tendenze Instagram 2020

Guida 2020: Come diventare uno youtuber

Come essere un Gamer Youtuber

2020 Hacks per ottenere più abbonati su YouTube

Hack per classificare i tuoi video su YouTube nel 2020

Hack per Youtube, cambia il pulsante Pausa con il pulsante Abbonamento

Un libro con il quale vedrete sia gli aspetti generali che ciò che serve per guadagnarsi da vivere con la professione di influencer.

Affrontiamo apertamente argomenti come l'acquisto di follower e gli hack per migliorare l'interazione. Strategie BlackHat a portata di mano, che la maggior parte delle agenzie o degli influencer non osano riconoscere.

In Red Influencer consigliamo da più di 5 anni i MicroInfluencer come te per creare la loro strategia di contenuti, per migliorare la loro portata e l'impatto sulle reti.

Se vuoi essere un influencer, questo libro è un must. Perché dovrai sviluppare la conoscenza delle piattaforme, delle strategie, del pubblico e di come raggiungere la massima visibilità, e quindi monetizzare la tua attività.

Abbiamo esperienza con Influencer di tutte le età e soggetti, e anche tu puoi esserlo.

Prendi questo libro e inizia ad applicare i segreti professionali per guadagnare seguaci e diventare un influencer.

Questa è una guida pratica per gli Influencer di livello intermedio e avanzato, che non vedono i risultati attesi o che sono stagnanti.

La strategia e l'engagment sono importanti quanto il volume di abbonati, ma ci sono degli Hack per aumentarli, in questa guida ne troverete molti.

Non importa se vuoi essere uno Youtuber, Instagrammer o Tuitero, con queste strategie e chiavi puoi applicarle ai tuoi social network.

Sappiamo che essere un Influencer non è facile e non vendiamo fumo come altri, tutto quello che troverete in questo libro è la sintesi di molte storie di successo che sono passate attraverso la nostra agenzia.

L'Influencer Marketing è qui per rimanere, non importa quello che dici. E ci sono sempre più ambasciatori del marchio. Persone che, come te, hanno iniziato a lavorare sul loro marchio personale e a puntare su una nicchia specifica.

Sveliamo in dettaglio tutti i segreti del settore che muove milioni di persone!

Sarai in grado di applicare i nostri consigli e suggerimenti alle tue strategie di Social Media per aumentare il CTR, migliorare la fedeltà e avere una solida strategia di contenuti a medio e lungo termine.

Se altri sono stati in grado di monetizzare con perseveranza, dedizione e originalità, puoi farlo anche tu!

Nella nostra piattaforma redinfluencer.com abbiamo migliaia di utenti registrati. Un canale di contatto attraverso il quale puoi offrire i tuoi servizi in un markeplace di recensioni per le marche, e che riceverà offerte alla tua email periodicamente.